AF358206

COMPTE RENDU

D'un Voyage effectué à Madagascar, de Juillet à Décembre 1921

PAR

Jean RALAIMONGO

Délégué de la Commission Administrative

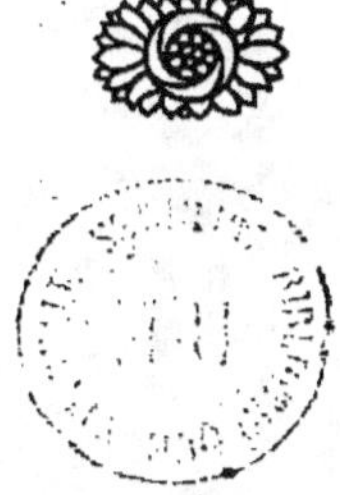

PARIS

L'ÉMANCIPATRICE (IMPRIMERIE COOPÉRATIVE)
3, Rue de Pondichéry, 3

1922

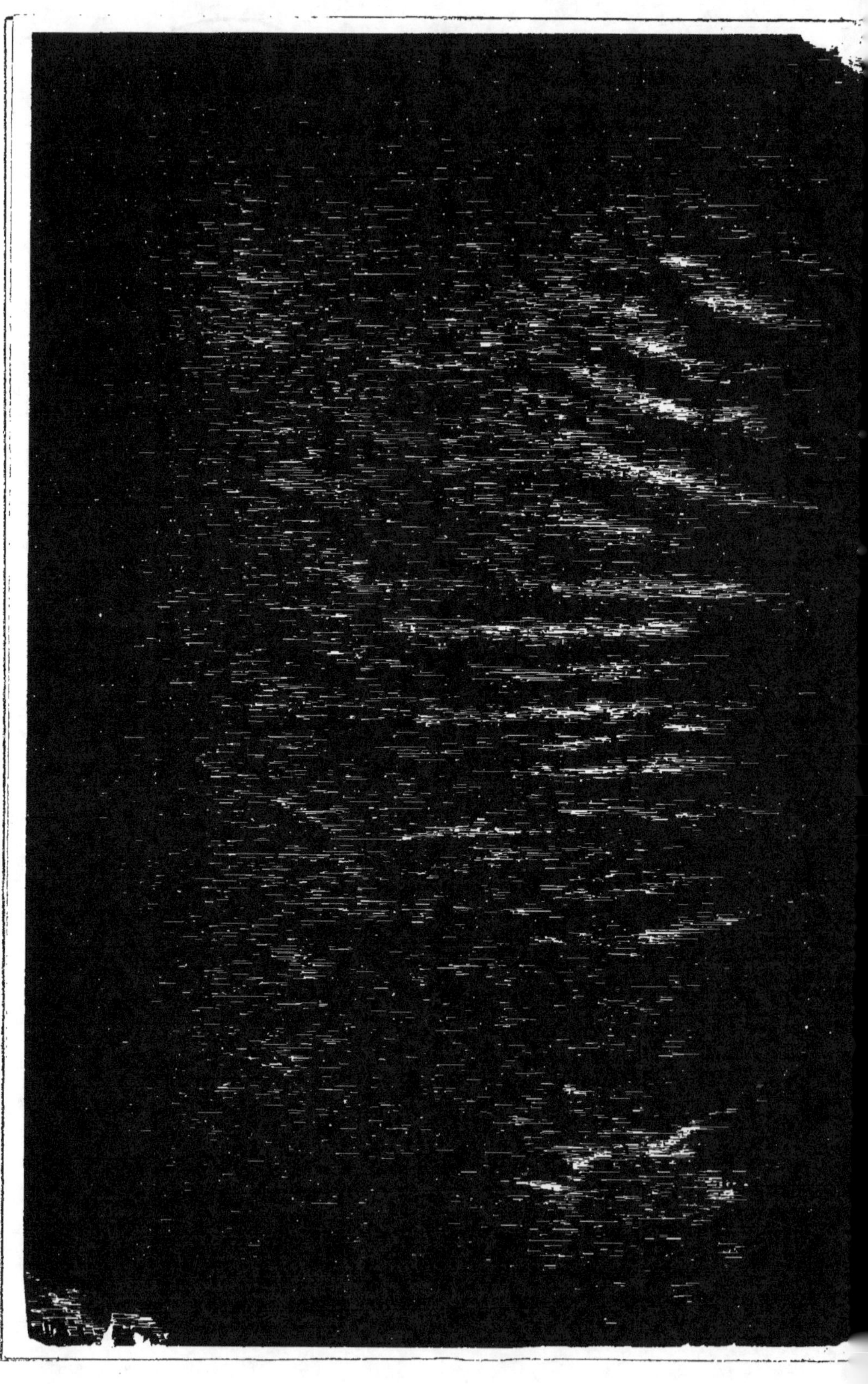

COMPTE RENDU

D'un Voyage effectué à Madagascar, de Juillet à Décembre 1921

PAR

Jean RALAIMONGO

Délégué de la Commission Administrative

Cette Ligue, que tout le monde connaît et dont je suis le Secrétaire, existe légalement à Paris depuis deux ans.

Profitant de mon départ pour Madagascar, la Commission administrative de la Ligue m'a donné mandat de me mettre en relations avec ses adhérents et avec tous ceux qui sont sympathiques au mouvement dirigé par elle en France.

D'après les instructions que j'ai reçues d'elle, je devais convoquer une assemblée de ces amis et adhérents de la Ligue à l'effet d'élire un Correspondant qui devait avoir pleins pouvoirs pour recevoir les adhésions nouvelles et les fonds à Madagascar et, en général, agir conformément aux dispositions des Statuts de la Ligue.

J'ai hâte de dire ici que tous les indigènes que j'ai vus là-bas, quoique non adhérents officiellement, en raison de la défense formelle opposée par le gouvernement, sont sympathiques au mouvement dirigé par la Ligue.

Partout où je me suis rendu à Madagascar, je fus l'objet d'une grande manifestation de sympathie de la part de toute la population malgache. Pour la première fois de ma vie, j'ai vu s'unir catholiques et protestants malgaches derrière un homme qu'ils savent parfaitement laïc.

Etant donné qu'il est formellement interdit aux indigènes de se réunir à plus de 25, sans autorisation préalable du gouvernement général, ils m'ont demandé de solliciter cette autorisation afin de leur faire une conférence concernant la Ligue. Le gouvernement général me l'a refusée catégoriquement.

Devant ce refus, les amis de Tananarive ont organisé une

représentation théâtrale dont le produit devait être destiné à la Ligue. Cette représentation devait avoir lieu le 31 octobre 1921, et j'en possède le programme. Elle fut d'abord autorisée, mais la veille, les organisateurs furent convoqués d'urgence à la mairie de Tananarive. Là, l'administrateur-maire leur annonça qu'il ne pouvait pas autoriser cette représentation qui lui paraissait avoir un caractère politique. Les frais de publicité et de répétitions se montaient déjà à environ 700 francs. Beaucoup d'amis, qui n'ont pas l'habitude d'aller au théâtre, avaient déjà retenu leurs places. La loge, qui ne coûte d'habitude que 30 francs, avait été retenue pour 80 francs, parce que c'était, disaient-ils, le seul moyen d'obtenir de l'argent pour la Ligue. Le directeur du théâtre fut obligé de rendre l'argent qu'il avait déjà encaissé. Remarquez que le directeur du théâtre est patenté. Le gouverneur général, que j'ai vu en personne, le 15 novembre, a confirmé purement et simplement la décision de l'administrateur-maire de Tananarive. « Je ne peux pas, dit-il, autoriser une représentation dont le produit serait destiné à alimenter une organisation politique qui a pour but de forcer la main au Parlement français, en vue de la transformation du statut indigène que nous nous sommes engagés à respecter. »

En un mot, le gouvernement général de Madagascar est hostile à toute liberté d'opinion accordée aux indigènes.

Fidèle aux ordres des colons, le gouverneur général fait tout pour mécontenter les indigènes. Ces ordres se résument ainsi dans l'*Indépendant*, de Madagascar:

« S'il y a dans l'île une agitation anti-française entretenue par des demi-intellectuels indigènes, il vaudrait mieux que cette agitation révête la forme de la V. V. S. (1), car alors, les agitateurs pourraient être déclarés comme précédemment, *traîtres* à la France, et nos humanitaires de Paris ne pourraient s'opposer à une répression énergique.

« Ce qu'il y a de mauvais c'est que justement, instruits par l'expérience, ils donnent actuellement et donneront encore une forme légale à leur agitation anti-française. Ils demandent tout simplement, oh! tout simplement, la suppression de l'indigénat, les droits du citoyen, etc., etc.

« Et cette campagne anti-française, qui reste dans les formes légales, est plus dangereuse pour nous que la V. V. S., car il nous est difficile de la réprimer... »

En effet, la V. V. S. n'avait rien d'anti-français au fond, comme le disait fort justement M. Voyron, chef de la province de Tananarive qui, tout en interdisant toute réunion en faveur de la Ligue, me déclarait devant témoins, le 13 novembre 1921 : « La V. V. S. n'est que le résultat

---

(1) Voir explication de la V. V. S. pages 6 et 7.

fâcheux de cette folle interdiction aux indigènes d'exprimer leurs idées. C'est ainsi que je veux, continua-t-il, que la Ligue possède autant de publicité que de netteté. »

Fixant les yeux sur moi, M. Voyron déclara : « Pouvez-vous empêcher l'eau d'une rivière de couler là où elle va ? Eh ! bien, il en est de même, mes chers amis, pour les idées. Personne ne peut les empêcher de marcher, surtout les idées nées de la guerre. De même qu'il fut impossible d'empêcher la guerre d'éclater, de même on ne peut empêcher aujourd'hui vos idées d'évoluer. La France républicaine est généreuse: elle a pour principe la liberté d'opinion. »

Avant de nous donner congé, M. Voyron m'a demandé si je voulais qu'il prît l'initiative de demander l'autorisation à M. le Gouverneur général. Je lui ai remis le papier contenant les instructions que j'ai reçues de la Ligue, pour lui permettre de faire les démarches nécessaires.

Sans dire un mot, il m'a rendu le papier quelques jours après. Mais peut-on faire un reproche à M. Voyron, qui n'est qu'un sous-ordre, alors que le but visé et poursuivi par M. Garbit, de connivence avec certains colons et fonctionnaires subalternes, depuis 1915, est bien clair ? « Pousser les indigènes à la révolte, afin de les réprimer énergiquement par des mesures vexatoires. »

M. Garbit, non satisfait du plus grand crime qui ait jamais pu être commis au nom du peuple français (la condamnation aux travaux forcés à perpétuité des affiliés à la V. V. S.), continue à provoquer toutes sortes de mécontentements.

Sous prétexte de réprimer le vagabondage, il soumet les indigènes au régime de travaux forcés. Ainsi, au verso d'une des feuilles qui constitue la carte d'identité de l'indigène, se trouvent réservées quelques petites cases destinées à être remplies par l'employeur. Dans la première de ces cases, sont imprimées les mentions essentielles que doivent contresigner les employeurs:

Employé chez M. ....
à ....
du .... *au* ....

L'EMPLOYEUR,

Tout indigène dont la carte d'identité ne serait pas régularisée d'après l'indication ci-dessus est considéré comme vagabond et, par conséquent, tombe sous le coup du décret du 6 septembre 1921 (*Journal Officiel* du 7 septembre 1921).

Art. 2. — « ...Sera puni de 3 mois à un an d'emprisonnement... Il pourra être soumis, après avoir subi sa peine, à l'interdiction de séjour, pendant cinq ans au moins et dix ans au plus. »

Il a augmenté les impôts, déjà trop lourds pour les indigènes. Il a enlevé aux Malgaches le peu de liberté qui leur restait : la liberté de correspondance privée, censurée ou violée jusqu'à présent, et l'interdiction aux indigènes de lire les journaux français.

Huit indigènes ont été électrisés à Tananarive, par M. Guinaudeau, directeur d'une grande Compagnie d'électricité, président de la Chambre de Commerce de Tananarive et membre du Conseil d'administration générale de Madagascar. *Motif:* « Pour leur faire avouer qu'ils étaient les auteurs d'un vol de 5.000 francs qui avait eu lieu chez lui. » Traduit devant le Tribunal de première instance de Tananarive au lieu de la Cour criminelle, cet assassin a été acquitté purement et simplement. Le procureur ayant fait appel à minima, M. Guinaudeau fut seulement condamné à 16 francs d'amende, au mois de décembre dernier. L'enseignement de l'histoire de France a été supprimé dans les écoles indigènes de Madagascar depuis 1916, sous prétexte qu'on y étudie la Révolution française.

La Chambre de Commerce de Fort-Dauphin demande la suppression pure et simple des écoles officielles, et leur remplacement par des écoles d'agriculture.

Celle de Vatemandry demande au gouverneur général d'interdire la plantation du caféier aux indigènes; à Tananarive, le colonel Celler, commandant le 1ᵉʳ régiment de tirailleurs malgaches, fouette les indigènes civils qui ne le saluent pas, et le chef du district les met en prison « pour manque de respect aux autorités. »

Aucune mesure d'hygiène pour améliorer la santé publique n'a été prise à Tananarive, alors qu'une somme de 250.000 francs a été engloutie pour la construction d'un village soi-disant indigène à Ambohimanarina, et qui est inhabitable.

Tout en m'écartant du domaine de la médecine, je me permettrai de dire que les mesures prises à propos de la peste à Tananarive, sont plus qu'arbitraires: sur deux maisons voisines appartenant, l'une à un Malgache et l'autre à un Européen ou à un Malgache, client d'un gros colon, la première est brûlée et non la deuxième. A partir de neuf heures du soir aucun indigène ne peut plus circuler dans les rues de Tananarive, tandis que les Européens circulent librement jusqu'au matin. A Antsirabé, des indigènes coupables d'avoir franchi le cordon sanitaire de Tananarive, furent condamnés à 20 ans de travaux forcés, tandis qu'à

Tananarive, le même délit est sanctionné de 5 jours de prison.

A Sakaramy (Diego-Suarez), le capitaine commandant la compagnie de mitrailleuses emploie les militaires à titre de corvée, à la construction de l'église catholique; cette fois, militaires européens et malgaches se voient dans la même obligation de construire l'église.

Il serait trop long d'énumérer ici toutes les vexations dont les Malgaches sont les innocentes victimes. Mais puisque nos adversaires nous forcent à parler de la V. V. S., je tiens, avant de terminer mon compte rendu, à faire connaître à nos amis de France, l'extrait suivant de *la Tribune de Madagascar*, organe de M. Garbit, du 18 février 1916: « Je conclus pour aujourd'hui qu'il y avait quelque chose qu'un incident dévoila un peu trop tôt; un mois de plus, et la cueillette eût été certainement plus abondante. Mais je suis parfaitement convaincu qu'étant donnée la surveillance exercée depuis quelque temps sur certains individus et en admettant une tentative quelconque elle eût été brisée dès ses premières manifestations. Il faut bien que les V. V. S. s'imaginent que parmi eux il n'y avait pas que des purs. S'ils savaient ce que d'autres savent à l'heure qu'il est, ils se diraient que, vraiment, ils ont été bien confiants. »

Ah! les canailles! ils trouvent, eux, que leurs forfaits n'ont pas encore été assez étendus. Alors qu'en réalité, ils ont bien réussi ! Voici le bilan : Sans avoir été jugés, mais par simple décision de M. Garbit (15 février 1916), 173 indigènes furent condamnés et déportés à l'île de Nosy-Lava, peine variant de 3 à 5 ans d'internement, 41 enfants, dont les plus âgés avaient 16 ans, furent internés au pénitencier d'Anjanamasina, près de Tananarive, peine variant de un an à 5 ans de détention. De son côté, le Tribunal indigène fonctionnait sans pitié: 34 indigènes furent condamnés aux travaux forcés, dont 8 à perpétuité, 4 à 20 ans, 9 à 15, 4 à 10 et 9 à 5 (jugement du 17 février 1916). Et avec tout cela, ils trouvent que ce n'est pas encore assez! Alors que des Français impliqués dans cette affaire n'ont pas été inquiétés, car en raison de leur lâcheté, ils ont eu peur de la juridiction française: je cite le cas du docteur Rasamimanana, malgache naturalisé français qui, malgré toutes les accusations formelles portées contre lui, ne fut pas inquiété. Ce qui signifie que l'on peut abuser de ses pouvoirs vis-à-vis des indigènes, mais non pas à l'égard des citoyens.

D'autre part, on reproche à la V. V. S. d'avoir été tenue secrète, mais pouvait-il en être autrement, alors que le gouverneur général, M. Garbit, est hostile à toute liberté d'opinion accordée aux indigènes? J'en apporte aujourd'hui la preuve, puisqu'il m'a formellement défendu de parler de la Ligue française pour l'accession des indigènes de Madagascar aux droits de citoyen, association purement sociale.

C'est pour mettre fin à tous ces abus odieux, à ce brutal arbitraire, que les Malgaches réclament aujourd'hui des garanties essentielles; elles résident originairement dans l'octroi des droits de l'Homme et du Citoyen, dans les principes fondamentaux de la séparation des pouvoirs et de la libre communication des idées. Le gouverneur de Madagascar s'y oppose formellement.

Enfin pour terminer, voici un dernier fait:

Lors de mon passage à Maévatanana, un Malgache reçut une dépêche de Tananarive, annonçant l'agonie de son père, il s'inscrivit aussitôt, comme c'est l'usage, pour avoir sa place dans l'automobile. Au dernier moment, un Indien devant partir, pour ses affaires commerciales, à Tananarive, le pauvre Malgache dut céder sa place à l'Indien car, par arrêté gouvernemental de Madagascar: « Les voyageurs européens, assimilés et étrangers, ont le pas sur les indigènes, bien que ces derniers se soient fait inscrire avant eux. »

C'est ainsi qu'un vieux Malgache, en me serrant la main à la gare de Tananarive, au moment de mon départ, me disait: « S'il n'est pas possible de nous faire devenir citoyens français, mon enfant, faites-nous au moins devenir indiens, qui eux, sujets étrangers, ont tous les droits à Madagascar. »

Je laisse à l'opinion française le soin de juger tous ces faits.

Paris, le 14 mars 1922.

Jean RALAIMONGO.

Ce qu'était la V. V. S.

V. V. S. c'est l'abréviation des trois mots malgaches : « *Vy Vato Sakelika* ». *Vy Vato*, c'est le nom que portait la secte. Ces deux mots se traduisent littéralement *fer-pierre* qui, d'après les fondateurs, symbolisent la *patience* et la *persévérance* dans le bien. Les adhérents prirent le nom de *Sakelika* qui veut dire *branche* ou *rejeton*. L'usage a conservé les initiales V. V. S. pour désigner la Vy Vato des Sakelika.

Elle n'avait ni organisation définie, ni président, ni statuts, ni siège social, ni aucune structure permettant de l'assimiler à une association régulière. Il faudrait plutôt y voir une association d'études sociologiques. C'est à tort qu'on l'a appelée *Société secrète*, car ainsi que l'affirme la *Tribune de Madagascar*, tout le monde connaissait l'existence de cette secte. Le moment venu, nous dirons quels sont les citoyens français qui ont été tenus au courant de cette secte.

La V. V. S. avait pour but lointain, malgré toutes les déformations qu'on a infligées à son idéal, l'émancipation à venir des Malgaches.

Et c'est à tort qu'on a voulu forger de toutes pièces, pour l'incriminer, une histoire de complot. En réalité, on n'a pas voulu admettre ou tolérer que des Malgaches pussent se rencontrer en vue d'étudier et d'examiner en commun des problèmes purement moraux et sociologiques. On a voulu leur ôter à jamais le désir de tenter une organisation quelconque. L'attendu suivant du jugement de condamnation, rendu le 17 février 1916 contre les membres de la V. V. S., ne laisse d'ailleurs subsister aucun doute à cet égard :

« *Attendu qu'il convient au suprême degré d'infliger aux coupables un châtiment sévère dont le souvenir restera toujours présent à l'esprit des Malgaches et de nature à servir d'exemple pour l'avenir.* »

Il ressort de cet attendu que ce n'est pas seulement sur les prétendus coupables et sur leurs familles que pèsent les conséquences de ce jugement, mais sur toute la population malgache entière. C'est pourquoi nous avons demandé à nos amis juristes et parlementaires d'étudier cette affaire en vue de porter remède à cette iniquité.

Comme le disait mon ami Bloncourt dans un article du *Messager Dahoméen, les ténèbres nous répugnent, c'est au grand jour que nous voulons agir;* ainsi que l'écrivait l'auteur de *J'accuse:* « La vérité est en marche et rien ne l'arrêtera. »

J. R.

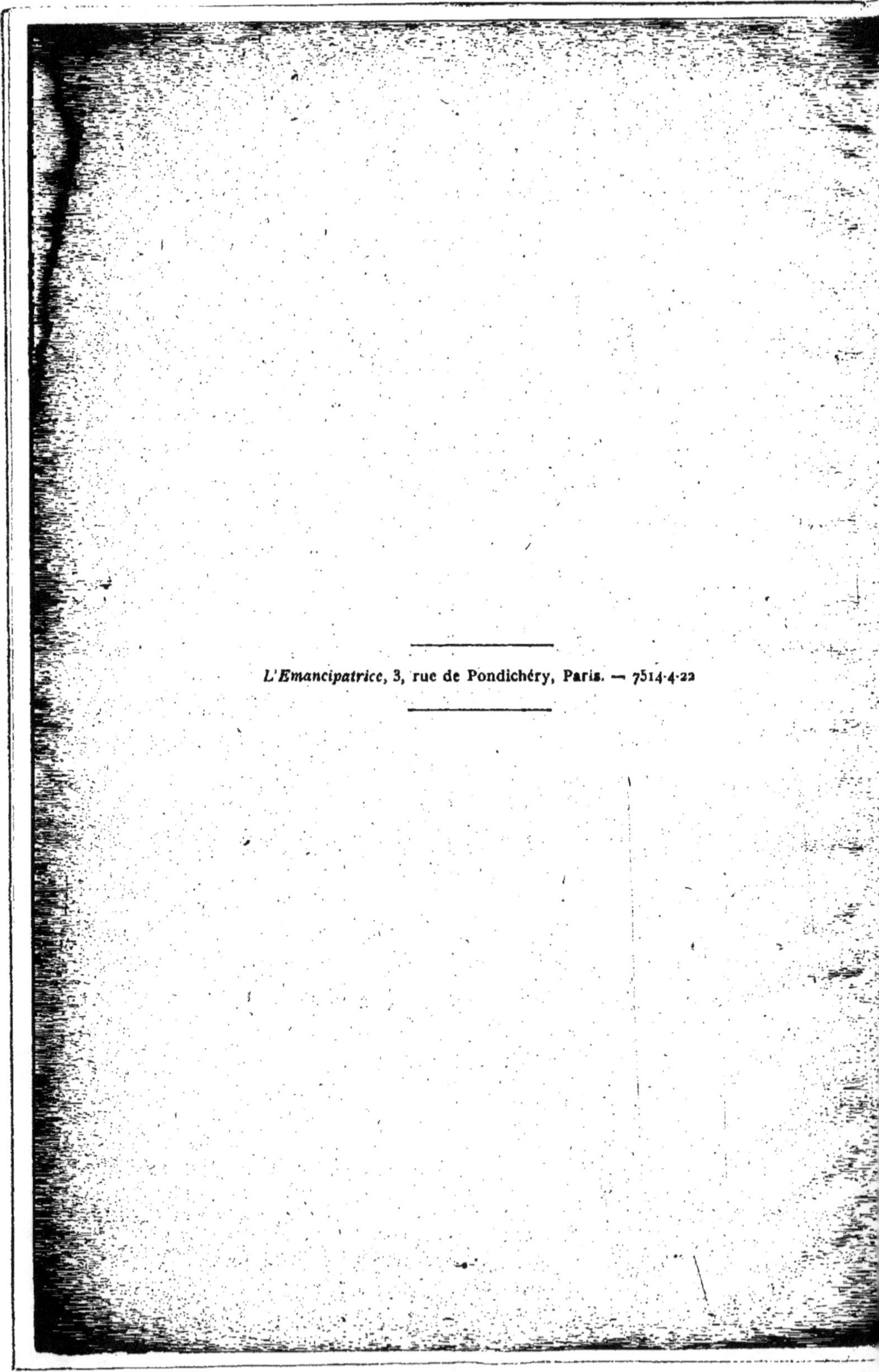